Sentirse bien

Grupo ROBIN BOOK

Barcelona - México
Buenos Aires

Sentirse bien

Wayne W. Lewis

Traducción de Esteban Ribera

Vital

© 2009, Ediciones Robinbook, s. l., Barcelona

Diseño de cubierta e interior: Cifra
Fotografía de cubierta: Thiago Martins, Stockxpert

ISBN: 978-84-9917-016-9
Depósito legal: B-30.447-2009

Impreso por Egedsa
Rois de Corella 12-16
08205 Sabadell (Barcelona)

Impreso en España - *Printed in Spain*

Índice

Introducción

El cuerpo humano es sabio. Su inteligencia y su capacidad para autorregularse son infinitas. El organismo nos proporciona siempre los medios necesarios para comprendernos mejor a nosotros mismos y hacer frente a aquellos problemas que nos afectan de manera directa o nos atenazan. Pero del mismo modo que el cuerpo manifiesta sentimientos y pensamientos conscientes, también pone en ocasiones de relieve toda aquella energía inconsciente que se esconde tras nuestros actos. Una perfecta conexión entre cuerpo, mente y espíritu permite un mejor funcionamiento del organismo, tanto en su vertiente física y fisiológica como en la puramente emocional.

Cuando nuestro organismo funciona, nos sentimos alegres, llenos de vida. Pero cuando la enfermedad nos acosa, nos sentimos irritables, frustrados, sin energía. La energía que fluye desde el interior de nuestro ser se trunca, se desvanece y nuestros pensamientos y sentimientos se desmoronan como un castillo de naipes. No hay separación alguna entre lo que sucede en nuestra mente y lo que ocurre en el organismo. Nuestra salud y nuestra personalidad son consecuencia directa de la comunicación existente entre los diversos aspectos de nuestra existencia. Es la unidad esencial de nuestro ser. Sabemos científicamente que el estrés puede causar úlceras y que la insatisfacción nos produce pérdida de apetito, desgana, tensión muscular... Las reacciones negativas como la ira contenida o prolongada, el odio, la amargura o la depresión pueden anular el sistema inmunitario. Por el contrario, la **alegría** nos produce vitalidad y energía al tiempo que nuestro organismo se fortalece y se blinda frente a las enfermedades comunes. La matriz psicosomática refleja la **armonía** psicológica del individuo.

Nada escapa a la ley universal del **karma**. Cualquier efecto que se produzca en nuestra vida tiene una causa de la misma manera que existe una pauta de pensamiento o estado emocional que le precede. Por eso, cuerpo, mente y espíritu se interrelacionan de tal manera que los mensajes que transitan entre ellos conforman nuestro estado de **bienestar**. Las dificultades que encontremos en nuestro camino serán los mapas que utilizaremos para llegar a los niveles más profundos de **sabiduría**. En las páginas siguientes, encontrarás las pistas para llegar a ella.

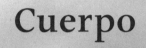

Cuerpo

Nuestro cuerpo es la mejor máquina que poseemos y, a pesar de ello, a menudo lo descuidamos o lo maltratamos con movimientos perjudiciales, comidas poco saludables, jornadas estresantes… En los últimos años, en la sociedad occidental se ha desencadenado la fiebre del «culto al cuerpo», preocupada sólo de lograr un físico perfecto.

Sin armonía entre la mente y el cuerpo no se puede conseguir un bienestar completo. En estas páginas hallarás ejercicios escogidos de distintas disciplinas y también prácticas sencillas que puedes realizar aprovechando las actividades de la vida diaria: al hacer la cama, al leer o mirar la televisión, al conducir, al volver de la compra…

Un cuerpo sano para
alcanzar la paz interior

1 Domina tu cuerpo

Dominar el cuerpo te hará descubrir un nuevo bienestar, el placer de sentir tus articulaciones «engrasadas», de realizar esfuerzos con la mínima fatiga... Te sentirás más optimista y más abierto a los demás.

Atento a los movimientos 2

Varias veces al día, durante cinco minutos, presta atención a los diversos movimientos que realizas durante la jornada, a las sensaciones musculares y estiramientos.

3 Cuida tu espalda

L a mayoría de movimientos que realizamos en la vida diaria comprimen los músculos de la espalda; por tanto, **debemos cuidar especialmente** los músculos del dorso del cuerpo.

Columna sana, vida sana 4

Las malas posturas y las vértebras aplastadas o desviadas son responsables de numerosos males. **Estirando la columna vertebral**, puedes reducir el riesgo de padecer escoliosis o hernia discal.

5 Elimina las migrañas

Migrañas y dolores de cabeza pueden desaparecer mediante la relajación muscular de nuca y hombros. Además, unas vértebras cervicales comprimidas pueden provocar dolor en la espalda y el brazo.

Abre los ojos   6

Elimina lentamente el entumecimiento propio de una noche de sueño. **Prepara tu cuerpo** para los esfuerzos de la jornada y tómate el tiempo necesario para poner en marcha músculos y articulaciones.

7 Al hacer la cama

Flexiona las rodillas procurando mantener recta la espalda. Así, trabajas los abdominales, estiras las vértebras y **fortaleces la espalda**.

Tensiones en la nuca 8

Mentalmente, sitúa un punto en la zona posterior de la cabeza. Desde ese punto imaginario, **describe un gran semicírculo** hacia delante con la cabeza e imagina que dibujas una gran curva con ese punto. Inclina la cabeza hacia el hombro derecho, continúa el movimiento hacia el pecho y, luego, hacia el otro hombro.

Ejercita tu cuerpo con movimientos armónicos

Masajes
en las manos 9

Con el pulgar, masajea la palma de la otra mano. Ejerce presión efectuando un ligero movimiento circular. Pon énfasis en las tres líneas principales de la mano. Para acabar, masajea cada dedo, cada una de sus articulaciones.

10 Relaja hombros y espalda

Para relajar tanto los hombros como la parte baja de la espalda, echa los hombros hacia atrás y mantén también los brazos algo hacia atrás, de forma que sientas cómo tus hombros se estiran; sube la caja torácica y **endereza la espalda**. Para finalizar, presiona la espalda contra el asiento, tensando los músculos abdominales.

Manos relajadas 11

Para relajar las manos, sacúdelas. Cierra con fuerza el puño y, seguidamente, estira los dedos todo lo que puedas. Para evitar la tensión cuando te sientes, pon una mano encima de la otra de forma que queden cogidas.

12 Rotación de hombros

Haz círculos hacia atrás con uno de tus hombros y, posteriormente, con el otro. Acto seguido, repite este movimiento con ambos hombros a la vez.

Mueve lentamente el cuello 13

Primero di que sí con la cabeza, es decir, levantando la barbilla hasta el pecho y echando la cabeza hacia atrás todo lo que puedas. Luego lleva la cabeza hacia un lado y a otro y, seguidamente, di que no. **Termina con lentos círculos** completos en un sentido y en otro.

14 Posiciona bien la cabeza

Una mala postura crea una tensión innecesaria; por tanto, asegúrate de que aguantas tu cabeza en el centro y no en un lado o hacia delante.

Dibuja con el cuerpo 15

Haz un gran círculo con tu cuerpo, en un movimiento lento y armonioso. **Empieza por doblar las rodillas** y la cintura hacia un lado, y con el brazo de ese lado traza el círculo estirándote al máximo. Cuando estés en el centro, señala el techo con el dedo, estírate todo lo que puedas y continúa el círculo hacia abajo hasta completarlo. Repite el movimiento con el otro brazo.

La relajación te ayuda a percibirte positivamente

Tus brazos flotan 16

Separa un poco las piernas y distribuye tu peso uniformemente sobre ambos pies. Deja caer tus brazos a sendos lados del cuerpo. Gira tu cuerpo de forma que hombros y caderas se dirijan hacia el mismo lado. Entonces, dirígete hacia el otro lado, manteniendo siempre los brazos sueltos, con movimiento rítmico.

17 Estiramientos

Realizar unos sencillos ejercicios de estiramiento te permitirá **aligerar tensiones**, facilitar la circulación sanguínea y oxigenar el cerebro.

Relaja tus ojos 18

Para descansar los ojos, mira hacia arriba todo lo que puedas, sin forzar la vista ni mover la cabeza. Dirígelos hacia la derecha, luego hacia la izquierda y, seguidamente, hacia abajo. **Descansa.**

19 Cierra los ojos

Un ejercicio muy aconsejable para los ojos consiste en cubrirlos con las manos de forma que **no entre la luz**, manteniéndolos abiertos e inmóviles durante unos minutos.

Relájate
unos minutos 20

Si te hallas en tu mesa de la oficina, tómate algunos minutos para colocar la frente sobre la parte externa de las manos. En esta posición, relaja los hombros, el cuello, las mandíbulas y la espalda. **Espira profundamente y suspira**. Observa tu respiración durante dos o tres minutos.

21 Entrégate a la gravedad

Este ejercicio de relajación puede hacerse sentado en una silla. Curva la espalda de manera que el vientre quede sobre los muslos, y relaja el cuello y los brazos, que dejarás sueltos. Respira tranquilamente y, mientras espiras, déjate llevar por la gravedad.

Estimula
tu fuerza vital 22

Ciertos movimientos físicos, combinados con una respiración controlada, pueden familiarizarte con la energía de tu cuerpo. El propio progreso espiritual comienza cuando aprendemos a generar, cultivar y mover la energía dentro de nosotros mismos.

Crea una atmósfera
de sensaciones que
inunde tu ser interior

Beneficios del yoga 23

Los ejercicios de yoga en general ayudan a **fortalecer y flexibilizar el cuerpo**. Regulan las secreciones glandulares, tonifican los músculos y los nervios, masajean los órganos internos y mejoran la digestión y la circulación.

24 Postura de la cobra

Tumbado boca abajo, coloca las manos junto a los hombros. Inspira, levantando muy despacio la cabeza y el pecho. **Arquéate hacia atrás todo lo que puedas**. Mantén la postura, estirándote y mirando hacia arriba y hacia atrás. Luego, espira y vuelve a la posición inicial. Realízalo tres veces.

Postura del arco 25

Tumbado boca abajo, con los brazos en los costados, dobla las rodillas y coge los tobillos. Inspira y levanta la cabeza, el pecho y los muslos todo lo que puedas. Inclina la cabeza hacia atrás y contén el aliento mientras mantienes la postura. Espira lentamente, soltando las manos con suavidad y volviendo el cuerpo al suelo.

26 Postura de la mariposa

Sentado en el suelo, junta los talones al cuerpo y sujeta los pies con las manos. Inspira y aprieta las rodillas hacia el suelo. Mantén la columna y la cabeza en línea recta. Aguanta la postura y respira de manera regular y lenta. Afloja la postura al espirar.

Postura del camello 27

Arrodíllate manteniendo las rodillas y los pies juntos. Mientras inhalas, inclina la cabeza, los brazos y el torso hacia atrás. **Dobla el cuerpo** lo suficiente como para que las manos se apoyen en los talones. Debes permanecer en esta posición unos segundos. Vuelve a la posición inicial muy despacio, realizando una respiración profunda.

28   Y a relajarse

Después de cualquier ejercicio, túmbate de espaldas al suelo, con los brazos en los costados, y gira la cabeza ligeramente hacia un lado. Es aconsejable tener los ojos cerrados. Respira con normalidad.

Ejercicio mental 29

Con los ojos cerrados, imagina que estás ante una pizarra negra y con una tiza en la mano, y que escribes una frase o dibujas un objeto. **Visualiza la frase o el objeto** lo más claramente posible, con tantos detalles como puedas.

Los ejercicios de relajación
aumentan tu energía vital

Practica el masaje 30

Tanto para practicar un masaje como un automasaje has de tener tiempo y estar en un ambiente tranquilo, silencioso y en el que no puedan interrumpirte. **La luz debe ser suave** (una luz tamizada azul o verde favorece la relajación).

31 Técnica de los frotamientos para activar la circulación

Sólo se pueden realizar después de un buen calentamiento que incluya rozamientos, deslizamientos y frotamientos de la zona tratada. Para hacerlos, usa el pulgar o el índice y el corazón juntos (acompañados o no del anular). Realiza un movimiento circular sobre la zona a tratar y alterna con las otras maniobras. Termina con deslizamientos para calmar y relajar.

Presiones 32

Son ideales cuando existe contracción o tirantez muscular y **se realizan sobre los puntos dolorosos**. Se usa el pulgar para los hombros, el brazo, los músculos de la columna vertebral, la cara anterior de la pierna y el tendón rotuliano. Para la cara externa del muslo y la espalda se usa la palma.

33 Respiración total voluntaria

Inspira suavemente por la nariz hinchando la caja torácica. La forma de hacerlo es dirigir los brazos hacia atrás y estirarlos todo lo que puedas. No dejes escapar el aire inspirado. Después de tres segundos, espira lentamente por la nariz a la vez que bajas los brazos hasta los costados. Retén la respiración durante tres segundos más.

Aliviar la tensión 34

Hay muchos aceites esenciales indicados para relajar el cuerpo o la mente. Si tu problema es el cansancio mental o el agotamiento nervioso puedes usar mandarina o amaro y hacerte un masaje en la frente, las sienes y el cuero cabelludo.

35 Para los dolores musculares

Masajea la zona con **movimientos suaves y repetitivos** usando una mezcla de masaje que contenga 8 gotas de enebro, eucalipto, jengibre, lavanda o manzanilla. Puedes usar también una compresa fría con 4 gotas de aceite esencial.

Disciplina regular

36

Los ejercicios físicos variados, los estiramientos diarios y las respiraciones conscientes y profundas favorecen un estado general de bienestar que **nos ayuda a sentirnos bien** físicamente y a hacer desaparecer el eventual estrés de nuestra vida.

37 Ejercicios progresivos

A l principio, el ejercicio ha de ser progresivo para preparar los músculos al incrementarse la actividad. Se utilizarán las articulaciones respetando los movimientos naturales y evitando los ejercicios que suponga forzarlos. De esta manera **preparamos el cuerpo, pero también el espíritu**.

Tras el esfuerzo, el descanso 38

Si es importante saber prepararse para el esfuerzo, también lo es saber recuperarse. Nunca has de abandonar bruscamente una actividad; por ejemplo, efectúa **estiramientos o ejercicios respiratorios**. Piensa que el mejor momento para gozar de un masaje o dedicarte a la relajación es tras haber hecho deporte.

39 Entrenamiento autógeno

Este método de relajación parte de que cualquier estado de fatiga o de ansiedad se acompaña y produce contracciones musculares. Hemos de poner en práctica ejercicios que nos permitan desarrollar la **armonía psicosomática**: equilibrios físicos y tomas de conciencia de los problemas psicológicos.

Toma conciencia de tu
propio cuerpo

40 La sofrología potencia la capacidad de la conciencia humana

Mediante la sofrología podemos potenciar las capacidades de la conciencia humana. La conciencia es el motor de la capacidad humana: «Si quieres, puedes».

Técnicas activas y pasivas 41

Puedes evitar que la mente permanezca en pensamientos no deseados y sustituirlos por otros positivos o de contenido neutro. El yoga, el budismo tradicional y el zen pueden ayudarte en ese camino.

42 La eutonía: El cuerpo como premisa

El carácter terapéutico y educativo de la eutonía te ayudará de una manera armoniosa en la adaptación a tu grado de actividad diaria. Debes tomar conciencia de tu propio cuerpo integrando todos los dominios de tu ser.

Beneficios de la eutonía 43

Gracias a esta disciplina normalizarás tu tono muscular, favorecerás el equilibrio del sistema neurovegetativo, podrás prever el deterioro de articulaciones y mejorarás tus reflejos posturales. La eutonía favorece el desarrollo de la confianza en uno mismo y en los demás, mejorando al tiempo tus funciones vegetativas.

44 Dieta sana

Si quieres cuidar tu cuerpo no puedes olvidar tu alimentación. Una dieta equilibrada te ayudará a sentirte más fuerte y sano, lo que redundará en que tengas una visión más positiva de las cosas.

Terapia aromática

45

De todos nuestros sentidos, el olfato es el que está más directamente relacionado con la memoria porque está ubicado en el sistema límbico del cerebro, donde se archivan las percepciones del olfato y se guardan las emociones.

46 Aromas positivos

Hay olores que nos transportan a momentos felices de nuestra vida y otros que poseen la cualidad de envolvernos con un **halo de esperanza**, como la fragancia del albaricoque, la madreselva, el jazmín, el pino y la canela.

El imperio
de los sentidos

47

Nuestros sentidos son una valiosa fuente de placer que debes emplear para tu felicidad. Intégralos en tu vida y descubrirás que las acciones más sencillas pueden reportarte **inmensa satisfacción**.

Profundiza en tu interior y
comprueba si estás
contento de ti mismo

Situaciones de estrés 48

En ocasiones, la realidad nos desborda y no podemos detenernos aunque lo deseamos. Son momentos tan trascendentes en la vida de una persona como la muerte de un familiar, el nacimiento de un hijo o la pérdida del puesto de trabajo. **La relajación es nuestra arma** para superar esos angustiosos trances.

49 El dolor

El dolor está considerado como una causa importante de estrés, y se sabe que un dolor duradero genera numerosas emociones negativas y desagradables, como la tristeza y el miedo al diagnóstico y al porvenir. Supéralo y te será más fácil sobrellevarlo.

Plan de acción 50

Para combatir el estrés, primero es necesario aceptar que lo sufres, y después poner **remedios para eliminarlo**. El ejercicio, el cambio de entorno, ayudar a los demás y aprender a relajarte serán las armas que te harán ganar la batalla.

51 El placer de las sensaciones

L a relajación ofrece la posibilidad de observar de manera muy precisa el mundo de las sensaciones y emociones, recuperando de nuevo la capacidad de gozar de los placeres sencillos.

Espacio para relajarte 52

Puedes destinar una habitación de tu casa para la práctica de disciplinas de autoconcentración o, simplemente, dedicar un rincón del cuarto de estar o el dormitorio para ello. Importa que no sea demasiado amplio pero, sobre todo, silencioso y tranquilo.

53 Por la mañana, relájate

Por la mañana temprano es el momento ideal para practicar la relajación, justo después de un programa diario de estiramientos. Se flexibiliza la columna vertebral y se suprimen las tensiones.

La noche, para dormir 54

Si estás bien entrenado para la relajación y tienes facilidad **para conciliar el sueño**, puedes realizar los ejercicios de relajación antes de acostarse, pero si no cumples con estos requisitos, mejor practícalos por la mañana.

Quien practica la
relajación, alcanza una
perfecta armonía

Posiciones de relajación 55

Después de cada comida, aunque sólo sean unos minutos, permanece sentado en una silla con la espalda recta y respirando tranquilamente, favoreciendo la respiración abdominal. Luego, visualiza el aparato digestivo y el estómago para colaborar en la transformación de la materia en energía.

56 Disciplina regular

Los ejercicios físicos variados, los estiramientos diarios y las respiraciones conscientes y profundas favorecen un estado general de bienestar que nos ayuda a sentirnos bien físicamente y hacer desaparecer el eventual estrés de nuestra vida.

Inspira 57

Cuando inspiras, adquieres oxígeno nutritivo, y llevas energía nueva a cada célula de tu cuerpo. Inspira y recibe calma, serenidad y relajación profunda.

58 Agudiza tus sentidos

Cuando mires a tu alrededor, sé consciente de los colores y las formas del paisaje. Siente el calor del sol sobre tu rostros y tus hombros. **Inspira profundamente** y huele cualquier fragancia que flote en el aire.

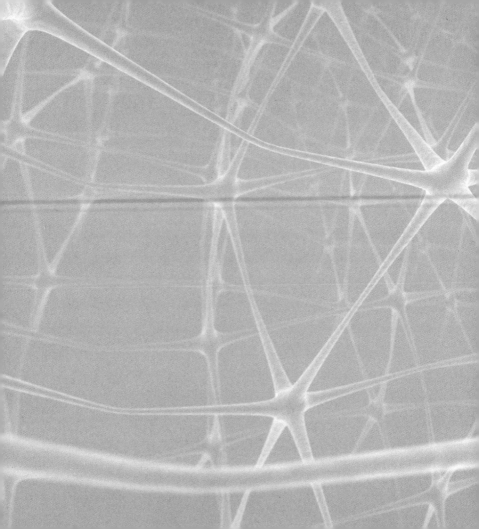

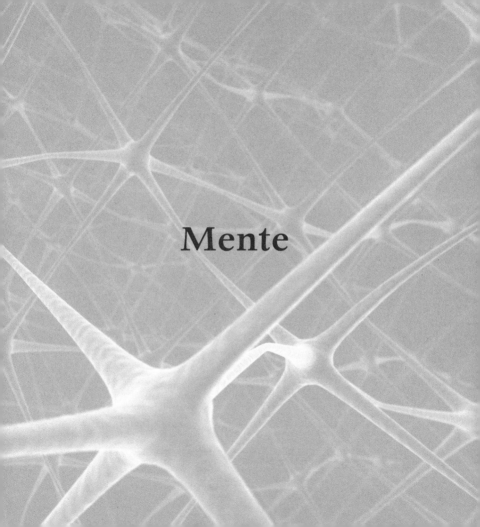

Mente

La vida moderna impone un ritmo frenético y situaciones en las que el ser humano se ve incapacitado para reaccionar o para tomar decisiones. A menudo, estos conflictos interiores crean inseguridades que, con el tiempo, pueden devenir depresiones en las que no se vislumbra ninguna salida. La lectura de estas páginas deben servir para poder disfrutar de una vida equilibrada entre el mundo externo, con sus dificultades y contradicciones, y nuestro mundo interior, con inseguridades que debemos combatir.

Tú vales mucho 59

Lo primero que debes tener en cuenta es que tú vales tanto como cualquier otra persona aunque creas lo contrario. **Piensa en positivo.**

El secreto de la vitalidad es la perfecta armonía entre cuerpo y mente

Desbloquéate 60

Aunque creas encontrarte en un callejón sin salida, no es cierto. Ante cualquier problema, la solución empieza por **no creer uno mismo que está derrotado.** Un pequeño paso a tiempo te ayudará.

61

Aprende a motivarte

Elabora una lista de posible objetivos a conseguir. Debes creer en ellos. Aunque no consigas alcanzarlos todos, el solo hecho de intentarlo ya es un éxito para ti.

Afiánzate interiormente 62

La mente puede jugarte a veces malas pasadas. Debes creer en algo que para ti signifique alguna cosa: un ideal, una persona, un objeto... **Piensa en él en horas bajas.**

63 Escribe sobre ti

No tan solo como recuerdo, sino cuando se te ocurra una buena idea. A veces los mejores pensamientos se presentan sin tarjeta de visita. No los desaproveches.

Sé el protagonista 64

Tú decides tu propia historia. **Y no digas que no**. Con tesón e ilusión sólo tú puedes saber hasta dónde puedes llegar.

65 Descúbrete a los demás

Pregonar tus éxitos a los demás ayuda sin duda a la autoestima y te implica en más proyectos personales. ¿Quién creerá más en ti que tú mismo?

Tus sueños e ilusiones te proyectan hacia el futuro

66 Crea tus sueños

A unque a veces los sueños puedan ser arriesgados, un ser humano sin sueños es un ser sin futuro. **Soñar es imprescindible**.

Escribe tu futuro 67

Quien te diga que el destino es implacable, miente. Lo único que tienes delante de ti es un futuro sin escribir. Encárgate tú de escribir sus líneas.

68 No seas demasiado incrédulo

Serlo es un poco positivo, pero serlo mucho implica necesariamente que no crees en ti mismo. Vigila, no vayas a pasar por la vida sin disfrutarla.

Agradece los buenos momentos 69

No siempre es fácil que los elementos de la vida te sean favorables. A veces las cosas se tuercen sin poder evitarlo. **Vive siempre los buenos momentos.** Saca partido de ellos.

70 No tires la toalla

É sa es la solución fácil. Sé consciente de ello y redescubre **en qué te has equivocado** para alcanzar tu objetivo. Redefine el proyecto y sigue. ¡No tires la toalla!

Sé tu mejor amigo 71

A veces tú debes ser tu mejor amigo. Aprende a cuidarte. Nadie lo hará mejor que tú mismo, por mucho que pienses lo contrario.

72 Haz borrón y cuenta nueva

Olvida aquello que te hiere o que te hirió. **Sigue adelante**. Nueva vida, nuevos objetivos. ¿Por qué te castigas con ello? Sólo te haces daño a ti mismo. Sé consciente de ello.

Mantenerse activo 73

Si aprovechas para hacer pequeñas cosas en los momentos en que normalmente estás inactivo te darás cuenta de qué provechosas resultan. Piensa que una gota de agua puede devenir una cascada.

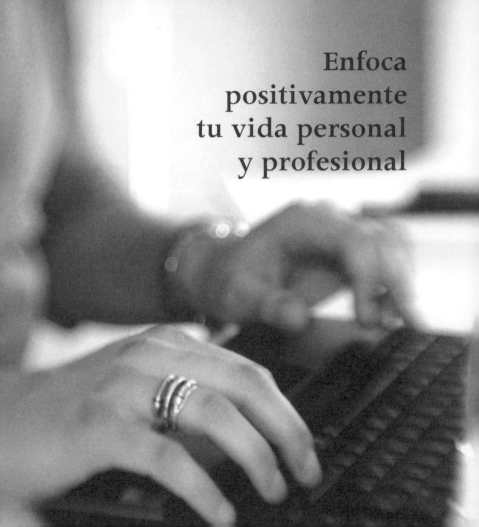

Enfoca
positivamente
tu vida personal
y profesional

El mundo es un teatro   74

Y tú, un actor que interpretas tu propio papel. Escoge tus propios guiones y haz que terminen bien. No dejes que las circunstancias entorpezcan tu labor.

75 Confiar en uno mismo

Tienes lo más importante, que es a ti mismo. Si no empiezas a confiar en ti, nunca serás capaz de hacer nada. Empieza, pues, a abrirte a los demás. Tu vida cambiará.

Por la boca muere el pez 76

Cuida tus mensajes. Si tu actitud es positiva pero tus comentarios son destructivos, los demás te verán negativamente. No des una falsa imagen de ti mismo.

77

El equilibro imprescindible

Vive tu vida al máximo, pero con momentos de reflexión. Si no eres capaz de calibrar tus acciones, te perderás a medio camino. Sé consciente de ello.

Decídete 78

La inseguridad va pareja con el ser humano. Dar el primer paso es difícil, pero el segundo y el tercero ya no lo son tanto. **Descubre la importancia de ser decidido.**

No hay límites
para lo que uno puede
llegar a conseguir

Empezar el día 79

Si al levantarte te autoestimulas con pensamientos positivos, emprenderás las tareas con más energía y ganas. De ti depende, en el fondo, pasar un día agradable.

80 No dejarse vencer tan fácilmente

Cuando estamos enfermos es muy importante saber mantener un buen ánimo. El estado anímico puede ayudarnos en nuestra sanación.

Piensa, luego actúa 81

Ante una situación de máximo estrés, tómate un respiro. **Cuenta hasta cien** y después habla. O no cuentes, sal a dar una vuelta. El tiempo juega sin duda a tu favor. Sé consciente de ello.

82 Siempre hay algo por lo que luchar

Si crees que tus necesidades básicas están cubiertas, tanto material como afectivamente, es el momento de dar a los demás. No te encierres jamás en tu caparazón.

Busca tu espacio 83

Seguro que en tu ciudad o pueblo hay un determinado lugar que siempre te ha gustado más por algo en especial. Ése es tu espacio. **Ve allí siempre que desees reflexionar.**

84 No seas vulnerable

Aparta de tu mente cualquier sentimiento de vulnerabilidad. Esfuérzate en ser lo que realmente quieres ser y no en lo que los demás esperan que seas.

No temas deprimirte 85

El primer paso para superar una depresión es aceptarla y no avergonzarse de ella; al contrario, pide ayuda a tus allegados o a un profesional, y **habla con ellos sobre tus problemas**. Sentirás que no estás solo ni eres la única persona que sufre.

86 Camina paso a paso

No te pongas muchas metas ni pretendas realizar demasiadas actividades a la vez porque lo único que conseguirás es una constante frustración al no poder llevarlas a término.

Sé optimista 87

Opta por ser optimista y acepta que la vida es imprevisible, por tanto existen las mismas posibilidades de que nuestra situación mejore a que no. ¿Por qué vas a pensar en lo peor?

Una actitud positiva es un imán que atrae las cosas buenas que te rodean

Aleja oscuros presagios 88

La forma ideal de apartar tu mente los malos pensamientos es teniéndola distraída. Realiza una tarea manual que te entretenga y lograrás que tus ideas versen sobre cosas más agradables y felices.

89 Los recuerdos

El recuerdo nos transporta al pasado pero rememorarlo nos ayuda en el presente. Recrear en nuestra mente las imágenes alegres de tiempos anteriores nos infunde la fuerza espiritual para aspirar en nuestra vida cotidiana a esa felicidad.

La amistad 90

Rodearte de amigos que piensen positivamente es imprescindible. Si ellos no están motivados, pueden contagiarte su sensación de negatividad.

91 Sé atrevido

Quien no arriesga, no obtiene. Te puede salir mal, pues acéptalo. Pero si te sale bien estarás muy orgulloso de ti mismo. Cree en ti.

Puedes tenerlo todo 92

Eso es verdad si, en tu interior, sabes valorarlo. Porque si lo tienes todo pero no le das su importancia, será como si no tuvieras nada.

93

Comunica
tus emociones

Aunque los demás no te entiendan, no te reprimas, quédate a gusto contigo mismo. Si estás seguro de lo que dices, te sentirás fuerte como una roca.

Elimina la negatividad 94

Hay personas que te aportan energía positiva, pero hay otras que te ofrecen todo lo contrario. Por ello es mejor que las apartes de tu vida, las personas negativas no te dejarán florecer.

95 Saluda al día

Abre los ojos y tu espíritu a la luz de la mañana, porque con ella un mundo de sensaciones se descubre.

Inicia el camino hacia el interior de tu alma con actitud positiva

96 Aprende a dejarte querer

A menudo pensamos que nadie nos quiere, pero a veces no dejamos que nos lo manifiesten. Un buen ejercicio para aprender a recibir las muestras de cariño consiste en situarte frente al espejo y repetir en voz alta cuánto te quieres.

La tierra 97

Siente tus pies sujetos al suelo, observa la naturaleza que te rodea y sentirás amor por la tierra en la que vives.

98 Decídete

La inseguridad va pareja con el ser humano. Dar el primer paso es difícil, pero el segundo y el tercero ya no lo son tanto. Descubre la importancia de ser decidido.

Lee 99

No siempre encontrarás lo que buscas en el día a día. En los libros también hay modelos de conducta ante las situaciones complicadas. **Sumérgete en ellos.**

Sé sincero siempre
contigo mismo

Visualiza tu futuro 100

Imagina lo que podría pasar si no haces una determinada cosa. Cuando te des cuenta de los resultados, tus motivaciones cambiarán.

101 Pensamientos negativos

Si te asaltan ideas o recuerdos malos, intenta pensar en todas las cosas de las que gozas actualmente y no te preocupes de cómo será el futuro porque hasta que no estés en él, no lo sabrás.

Sí hay alternativa 102

Eso nunca es cierto. Antes de hacer algo de lo que después puedas arrepentirte, medítalo cien veces. Seguro que darás con la solución.

103 Tú no eres así

Valórate más. Tú, como todos, tienes tus defectos, pero debes saber **valorar tus virtudes**.

Sé paciente 104

Aunque sólo te sirva para acallar tu conciencia, es muy positivo dar un poco de tu tiempo a los demás.

Siempre hay algo
por lo que luchar

Espíritu

La meditación describe un estado de atención concentrada sobre un objeto, sobre el pensamiento o sobre la propia conciencia. Tanto la relajación como la filosofía meditativa pueden ayudarte a sosegar tu espíritu ya que constituyen un gran acto de amor por uno mismo y por su entorno. La práctica de la meditación facilita que la mente se desconecte de la intensa actividad cotidiana y se abra a los tesoros de nuestro interior.

Para descubrir tu verdadero «yo» nada más bello y espiritual que la misma meditación

105 Elementos de espiritualidad

L os elementos más simples que describen la espiritualidad se relaciona con la estimulación de la fuerza vital cósmica (*chi*). Estos elementos simbólicos, cuando se combinan con ciertos ejercicios, constituyen la herencia humana de siglos de estudio de las filosofías orientales.

Energía *chi* 106

Chi es la energía que circula por nuestro cuerpo. La introducimos y la expulsamos al respirar, al comer, al soñar... Por ello, sólo comprendemos nuestras posibilidades espirituales y corporales cuando reconocemos el *chi*, lo alimentamos y le **permitimos fluir libremente por el cuerpo**.

107 Visualizar el *chi*

Mediante la visualización creativa, tu mente puede concentrarse para empezar a mover la energía. Imaginar la energía *chi* como una fina corriente azul que asciende desde el plexo solar hasta la coronilla y baja por la columna, es una visualización que resulta útil con el fin de prepararse para la meditación.

Técnicas de meditación dinámica 108

L a meditación dinámica consiste en combinar el movimiento con una respiración dirigida conscientemente. Además de ayudarnos a conseguir un cuerpo en forma, ágil y sano, estas técnicas llevan a un sereno estado mental.

109 Respiración del dragón

Sentado en el suelo, mete las manos por entre las piernas cruzadas y sujeta los pies con los pulgares por debajo de cada planta. Aprieta con firmeza donde empieza el arco plantar y mantén una presión constante.

Practica el tai-chi

110

Estos movimientos generan y mueven la energía *chi* por todo el cuerpo y ayudan a reforzar y equilibrar tanto el cuerpo como la mente. Mejoran la salud del sistema nervioso y ciertas funciones glandulares y linfáticas.

111 Primer paso para despertar el *chi*

L a respiración preliminar del tai-chi consiste en deslizar el pie derecho por el suelo hasta separar los pies a la anchura de los hombros. Los pies están un poco girados hacia dentro, y las rodillas, ligeramente inclinadas. **Mantén la vista al frente para mantener la concentración.**

Recoger energía (I) 112

Cada mano es espejo de la otra. En posición vertical, inspira, separa el pie derecho y, al mismo tiempo, levanta las manos en los costados, doblando un poco por los codos; separa las manos del cuerpo, abiertas, y haz como si recogieras **una gran bola de energía**. Cada mano «dibujará» un gran círculo completo y luego «sostendrá» la gran bola de energía.

Reconoce las
posibilidades
espirituales
de tu cuerpo

Recoger energía (II)

Espira. Vuelve las manos, colocando las palmas hacia abajo, y presiona hacia el suelo para **devolver la energía** que has recogido y no necesitas. Puedes recoger energía tres veces si lo deseas, devolviendo el exceso a la Madre Tierra cada vez. En general, este ejercicio se realiza antes de la sesión de tai-chi, y tras efectuar unas cinco series.

114

Descalzo para absorver energía

Es especialmente útil recoger energía *chi* descalzo porque así sientes más fácilmente la energía que se atrae hasta el chakra del plexo solar, ubicado unos centímetros por encima del ombligo. También **reúnes energía con las manos**; por ello, es importante visualizar con claridad cuándo la recoges, la haces circular y la devuelves a la tierra.

Música para el tai-chi 115

La mejor manera de practicar los ejercicios es con música de fondo, lenta y tranquila. La rapidez de los movimientos varía en cada persona, pero el ritmo en general es lento, elegante y suave, marcado por la respiración controlada.

116 Idea espiritual predominante

No hay ideas sin espíritu y no hay espíritu si ideas. Las idea espiritual predominante constituye, sencillamente, el momento en el que el pensamiento pasa de ser una posibilidad de algo a una idea que se convierte en el **motor de las acciones creativas**.

Explora las capacidades de tu mente

117

Intentamos desarrollar al máximo nuestra mente y nos olvidamos que es preciso desconectarla. Ello provoca, en el mejor de los casos, tensión e inquietud, y en el peor caso, trastornos como el estrés. Tan importante es **mantener activa la mente como saber relajarla**.

La meditación
puede llevarte
a un estado mental
sereno

Respiración y concentración 118

Para conseguir concentrarte a través de la respiración debes hacer lo siguiente: después de cada espiración y antes de volver a inspirar, cuenta en silencio hasta diez e inicia de nuevo la serie. Comprobarás que, de vez en cuando, te quedas **atrapado en un pensamiento** y dejas de contar, distrayéndote de tu propósito.

119 El silencio

Tenemos una vida agitada y ruidosa en la que muchas veces el silencio es menospreciado por ser sinónimo de soledad. **Valora el silencio** porque es el mejor medio que poseemos para evadirnos de nuestro entorno y adentrarnos en las riquezas de nuestro espíritu.

Combate el frío 120

El frío se instala en nuestros huesos y, algunas veces, en nuestra alma. Ingiere alimentos calientes y tu cuerpo recuperará su temperatura habitual y reconfortarás tu yo espiritual.

121 Cuida tu jardín

El jardín de tu interior necesita de tus cuidados igual que las plantas precisan del agua y la tierra para vivir. Quiérete y dedícate tiempo a conocerte porque sólo así **harás florecer** el vergel de tu alma.

La aventura de conocerte 122

Para amarte, primero debes descubrir los tesoros que albergas en tu alma y sólo podrás explorarlos averiguando quién eres e intentando saber cuáles son tus aptitudes, y te sorprenderás de la riqueza de tu interior.

123 Tu tiempo

Como todo proceso de aprendizaje, conocer tu yo espiritual no será tarea fácil ni rápida, pero con el tiempo podrás llegar a conseguirlo. Empieza por preguntarte qué es lo que te gusta, lo que fomenta tu creatividad, cuáles son tus sentimientos de amor hacia ti mismo... y habrás dado el primer paso hacia tu alma.

Inicia el camino
hacia el interior de tu alma
con actitud positiva

124 Sé positivo

Inicia el camino hacia el interior de tu alma con actitud positiva. Es preciso, para conseguirlo, que le digas a tu conciencia que vas a **superar tus miedos y tristezas**, pues deseas profundizar en tu corazón.

La naturaleza 125

La naturaleza es nuestra fuente de energía y a ella debemos recurrir para renovar nuestras fuerzas. **Contempla y admira su belleza** y entenderás que formas parte de ella.

126 Goza de la naturaleza

Oxigénate en el campo o báñate en el mar; anda con los pies descalzos por la playa o sobre el césped mojado por el rocío matutino, y descubrirás de nuevo el placer de formar parte de la naturaleza.

El Sol 127

El Sol es el astro rey de nuestro Universo. En dosis moderadas, sus rayos solares confieren vitaminas a nuestro cuerpo y energía positiva a nuestra mente. **Disfruta del sol** dando tranquilos paseos; tu espíritu se beneficiará.

128 La esencia del árbol

En los días de desazón, visualiza que eres un sauce y siente tus raíces arraigadas en la tierra y balancéate como si el aire meciese tus ramas. Penetrarás en la esencia del árbol y gozarás de su flexibilidad, fuerza, belleza y resistencia, y comprenderás que también se hallan en ti.

La magia
de los sonidos 129

La naturaleza está llena de sonidos que asociamos con nuestros estados de ánimo. Está demostrado que los sonidos agradables y agudos, como los trinos de los pájaros, producen un aumento de los niveles de serotonina en el cerebro que **hace que nos sintamos mejor.**

130 Saber escuchar

Una de las meditaciones más simples consiste sencillamente en relajarse y escuchar música o los sonidos de la naturaleza, como el agua que fluye o el canto de un pájaro.

Medita a la misma hora 131

La regularidad y la constancia son importantes en la meditación; por ello se aconseja meditar siempre a la misma hora. Uno de los mejores momentos para meditar es antes de las comidas, ya que después de ellas solemos sentirnos somnolientos.

Deja que los sonidos
lleguen hasta ti sin tratar
de juzgarlos
o identificarlos

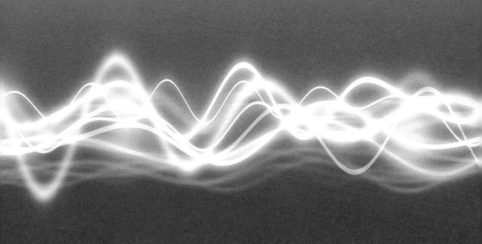

La postura de meditación 132

La postura no es un elemento caprichoso a la hora de meditar. El cuerpo necesita encontrar un punto de equilibrio en el que pueda sostenerse con un gasto mínimo de energía, a la vez que facilita que toda la actividad se vuelva hacia dentro, y ello lo favorecen las posturas sedentes.

133 La postura del loto

L a postura del loto consiste en estar sentado con los pies sobre ambos muslos. Si colocas un cojín firme debajo de las nalgas y te sientas sobre él, te resultará más fácil mantener los pies sobre los muslos y las rodillas apoyadas en el suelo. **La sensación que obtienes es la de estar apoyado sobre un triángulo** (nalga, muslos, rodillas).

Conciencia del cuerpo 134

Acostado, podrás tomar conciencia de tu cuerpo. Para ello, siente primero el tamaño y la forma de cada zona de tu interior; luego, nota cuán relajada o tensa está, y elimina esa tensión. Después, comprueba la pesadez y, a continuación, la ductilidad de cada parte para liberarte posteriormente de ella.

135 Sintoniza con tus sentimientos

Para sentirte sereno ante situaciones estresantes, permanece en contacto con tus sentimientos y con la realidad exterior. Sintoniza con todo lo que estás sintiendo: cansancio, hambre... Observa tus sensaciones sin juzgarlas ni tratar de cambiarlas.

Recupera tu niño interior 136

La experiencia de volver a encontrar el yo siempre es profundamente satisfactoria y, de alguna manera, familiar. Semeja a volver a sentirnos tan libres, frescos e inocentes como un niño, aunque con la conciencia añadida de las **vivencias acumuladas desde la infancia**.

Experimenta la paz,
la dicha y el silencio

Conciencia del alma 137

Toda nuestra aflicción se debe a que olvidamos quiénes somos realmente y nos identificamos más bien con una «conciencia corporal» que, en realidad, nunca puede satisfacernos. Al recuperar la conciencia del alma, experimentamos la paz, la dicha y el silencio, que es nuestra verdadera naturaleza.

138 Equilibra tu vida

Alcanzar el equilibrio en nuestra vida es imprescindible para una buena salud y estado anímico. La cultura oriental otorga prioridad absoluta a la búsqueda de la estabilidad personal para desarrollar el intelecto y los valores espirituales.

Corazón y mente en armonía 139

Con los ojos cerrados, respira profundamente y siente tu corazón. Imagina que se expande y que la energía del amor fluye a través de ti. Haz una reverencia con tu cabeza y silenciosamente dile que tu mente desea cooperar, rendirse y servirlo.

140 Agudiza tus sentidos

Cuando mires a tu alrededor, sé consciente de los colores y las formas del paisaje. Siente el calor sobre tu rostro y tus hombros. Inspira profundamente y huele cualquier fragancia que flote en el aire. Escucha los sonidos de ese bello lugar y descubre que están a tu alrededor.

Limpia tu aura 141

A ntes de iniciar las sesiones de meditación es preciso estar tranquilo y olvidarse del ajetreo de la vida.

Desea el bien
al mundo entero

Otros títulos de **Vital**

Mensajes con amor
Susan Jeffers

Este libro nos ofrece una colección de afirmaciones positivas
para la práctica diaria que nos permitirán eliminar miedos
y temores y afrontar cualquier situación con serenidad.
A través de ellas podemos reeducar nuestra mente, eliminar
de ella toda la negatividad que nos mantiene prisioneros
y nos impide liberar nuestro potencial para crearnos a
nosotros mismos y vivir la vida que deseamos y merecemos.

Pídeselo al Universo
Bärbel Mohr

Un manual para aprender a interpretar las señales que nos
envía el Universo. Cada vez hay más personas que perciben
con toda claridad la voz de su intuición. Para poder escuchar la voz interior resulta suficiente con un poco de entre-
namiento, recostarse unos minutos, respirar adecuadamente
y percibir el propio ser y el contacto con el Universo. Porque si uno es feliz, puede tenerlo todo y no necesitar nada.

Otros títulos de **Vital**

Felicidad es...
Margaret Hay

Sumérgete en las pequeñas páginas de este libro, en él encontrarás reflexiones que te acogerán, tranquilizantes. Tómate tu tiempo. Coge el libro, cierra los ojos, respira y ábrelo al azar por cualquier parte, vuelve a abrir los ojos, lee con atención y tómalo como punto de partida.
Te ayudará en tus decisiones. Muchos buscan la felicidad sin saber que ésta se construye día a día, minuto a minuto, disfrutando de todo lo que se nos presenta en cada instante.

Disfruta el momento
Raphael Cushnir

Sucede, muchas veces, que ante situaciones difíciles, nos encerramos en nuestro propio caparazón y nos blindamos al exterior. En ese momento perdemos buena parte de la energía que nos permite crecer y madurar como seres humanos. Para evitar estas situaciones este libro nos enseña de qué modo volver a disfrutar de la vida y del entorno que nos ha tocado vivir.